AF843710

CUBA

DOBLEGADA PERO NO QUEBRADA

GEBOGEN NIET GEBROKEN

BENT NOT BROKEN

aan Miek

Pieter Griffioen

Focus Publishing BV
M.J. Kosterstraat 4
1017 VX Amsterdam
The Netherlands

CUBA

DOBLEGADA PERO NO QUEBRADA

GEBOGEN NIET GEBROKEN

BENT NOT BROKEN

Colofon

Fotografie
photography: Pieter Griffioen

Voorwoord
foreword: Art van Iperen, redacteur editor de Volkskrant

Tekst
text: Pieter Griffioen

Vertaling
translation: Karen Gamester (Engels/ English)
Elena Hanselaar (Spaans/ Spanish)

Vormgeving
design: Miek Schueler

Lithografie
lithography: Nederlof Repro BV

Druk
printing: Boom Planeta de Grafische BV

Uitgever
publisher: Focus Publishing BV
M.J. Kosterstraat 4
1017 VX Amsterdam
The Netherlands
Tel: + 31 (20) 6264353
Fax: + 31 (20) 6236049
E-mail: focus@focusmagazine.nl
Internet: www.focusmagazine.nl

Eerste druk
first edition, Amsterdam, november 1999
ISBN: 90-72216-83-0
Nugi: 922

Focus is tevens uitgever van het fototijdschrift Focus,
maandblad voor fotografie en digitale technieken.
Voor informatie: focus@focusmagazine.nl

Speciale dank aan
Special thanks to:
Magda Evertse-Bledl
Anne-Wil Petterson
I C A P: Instituto Cubano de Amistad con los Pueblos
Art van Iperen voor zijn voorwoord

Cuba, een van de laatste communistische bolwerken in de wereld. Omdat het een eiland is met een door de zee nagenoeg hermetisch afgesloten landsgrens. Zon, zee, muziek. Maar ook armoede, verstikkende staatscontrole en geestelijke onderdrukking. Hoe ziet deze smeltkroes eruit? Na drie reizen van in totaal zes maanden per bus, trein, vouwfiets en te voet blijft een gevoel van ongeloof en verkniptheid maar ook van diepe warmte en genegenheid voor dit volk in deze tijd van zware beproeving.

Cuba, one of the last communist strongholds in the world. An island nation whose borders are virtually hermetically sealed by water. Where sun, sea and music co-exist with poverty, stifling state control and psychological repression. I wanted to know what this melting pot looked like. After three trips and six months of travelling on buses, trains, folding bike and foot, a sense of disbelief and insanity remains combined with a deep warmth and affection for this so severely afflicted people.

Cuba es, hoy día, uno de los últimos bastiónes comunistas en el mundo. Los océanos que la rodean, cierran casi herméticamente la isla. Sol, mar, música. Pero tambien pobreza, un control asfixiante de estado y una opresión mental. ¿Cómo es ese crisol? Después de tres viajes de seis meses en total, viajando en autocar, en tren, en bicicleta y a pie, conservo la sensación de incompresión y de confusión pero también siento un profundo calor humano y simpatía por este pueblo que vive una época de desgracias.

Pieter Griffioen

FLORIDA
KEY WEST
HAVANA
MATANZAS
VIÑALES
PINAR DEL RIO
SANTA CLARA
CIENFUEGOS
SANCTI SPIRITUS
TRINIDAD
CAMAGÜEY
HOLQUIN
BAYAMO
MANZANILLO
GUANTÁNAMO
SANTIAGO DE CUBA
JAMAICA

Somos felices aquí. Een kilometer of twintig ten oosten van Havana, vlak voor de Ciudad de los Pioneros José Martí, waar sinds 1990 meer dan vijftienduizend Oekraïense, Russische en Wit-Russische Tsjernobyl-kinderen tegen kanker zijn behandeld, is op de zijgevel van een onbewoond gebouw nog net te lezen dat de Cubanen gelukkig zijn. Regen en zon hebben de letters zo goed als onleesbaar gemaakt. Veertig jaar na de machtsovername door Fidel Castro is er geen verf meer om de verbleekte staatspropaganda over te schilderen.

Waarschijnlijk waren de meeste Cubanen tot 1990, dankzij de jaarlijkse subsidie van vijf à zes miljard dollar uit het Oostblok nog wel redelijk gelukkig op hun eiland. Ondanks het Amerikaanse embargo leden ze geen honger. Iedereen die wilde werken, had een baan. Er reden nog voldoende bussen en er was bijna altijd elektriciteit. De medische verzorging was goed, er werden volop nieuwe appartementen gebouwd. Op de scholen en universiteiten was nog geen gebrek aan schriften, pennen, boeken en ander studiemateriaal.

Sinds de implosie van het communisme in Oost-Europa en de beëindiging van de Koude Oorlog moet het door de Verenigde Staten belaagde Cuba zichzelf zien te redden en staan de verworvenheden van de revolutie onder grote druk. De gemiddelde Cubaan is er nog altijd beter aan toe dan een Haïtiaan, Boliviaan of Nicaraguaan, maar Ernesto 'Che' Guevara's Nieuwe Mens lijdt.

Castro voerde de período especial, een economisch noodprogramma, in om zijn revolutie te redden met kapitalistische hervormingen in de marge van de commando-economie. De goede, gratis gezondheidszorg is niet meer gegarandeerd. Er zijn nog wel voldoende huisartsen, maar de apotheken zijn leeg en de ziekenhuizen kampen met tekorten aan beddengoed en operatiemateriaal. Het openbaar vervoer is een dagelijks terugkerende nachtmerrie geworden, ondanks de afgedankte bussen uit Nederland, Canada, Portugal en Spanje. Een goede opleiding betekent niet langer dat iedere Cubaan een baan vindt waarvan hij of zij kan leven.

Neurochirurgen, ex-kolonels en leraren moeten met hun eigen of geleende Lada clandestien als taxichauffeur buitenlanders rondrijden om aan dollars te komen. Van hun peso-salaris kunnen ze niet leven en het bonnenboekje garandeert slechts een karig maal voor minder dan twee weken per maand. De fooien die een ober of kamermeisje per week in een dollarhotel krijgt of de twintig dollar die de jineteras rekenen voor een snelle wip met een buitenlander zijn meer waard dan het maandsalaris in peso's van een bureaucraat, arts of officier van de Revolutionaire Strijdkrachten. Wie geen dollars heeft, kan geen antibiotica, shampoo, maandverband, zeep of welk ander 'luxeproduct' kopen. De etalages van de staatswinkels zijn leeg. In de dollarwinkels is alles te koop, zelfs gouden Rolexen, Che Guevara-Swatches, blikken hondenvoer en pakken Nederlandse hagelslag.

Somos felices aquí. Na acht bezoeken aan Cuba sinds december 1991 weet ik wel beter. Mijn Cubaanse vrienden omschrijven de staatspropaganda, evenals de partijkranten en de vaak zes uur durende toespraken van Fidel Castro steevast als mentiras, leugens.

Hoe groot de onvrede is, is moeilijk vast te stellen. De waarheid zal wel ergens liggen tussen de kreet 'Wij zijn gelukkig hier' en 'In Cuba wonen 11,5 miljoen gefrustreerde, ontevreden mensen', zoals Elizardo Sánchez, een van de belangrijkste dissidenten in Havana, me eens verzekerde. Mario Vargas Llosa doet daar nog een schepje bovenop. In de jaren zestig had hij grote bewondering voor Castro's revolutie. In 1994, toen ik hem interviewde in Londen, verwoordde hij zijn afschuw zo: 'Ik geloof dat er in de hele wereld geen tragischer situatie is dan de positie van de Cubanen. Er is armoede, maar wat nog erger is, de Cubanen hebben geen enkel perspectief. Met zijn repressie heeft Castro de Cubanen veranderd in een pessimistisch volk. De Cubanen hebben geen energie meer

VOORWOORD

Art van Iperen

buitenlandredacteur van de Volkskrant

om tegen de dictatuur in het geweer te komen, omdat ze wel wat anders aan hun hoofd hebben: overleven of proberen het land te verlaten.'

Gelukkige Cubanen zullen er ongetwijfeld nog zijn, maar ik heb er slechts een paar ontmoet. Zelfs bureaucraten klagen off the record steen en been. Toch zal ik me altijd die Cubaan herinneren, die ik een keer op de betonnen rand van de Malecón, de tien kilometer lange boulevard die Havana tegen de zee beschermt, met zijn zoontje zag zitten. 'Mijn vader was vijftien toen hij uit Haïti naar Cuba vluchtte en is in 1958 als analfabeet in Havana gestorven. Ik heb me opgewerkt tot chef van een werkplaats en mijn broer zit in de diplomatieke dienst. Niet slecht hè voor kinderen van een illegale Haïtiaanse analfabeet. We hebben allemaal te eten, de scholen zijn gratis, de ziekenhuizen ook. Wij hebben het hier zwaar, maar de armoede is eerlijk verdeeld. De jongeren vergelijken Cuba met de Verenigde Staten. Dat is niet eerlijk. Ze moeten maar eens in Haïti gaan kijken. Dan zouden ze zich realiseren dat ze het hier zo slecht nog niet hebben. Ik kan hier in Cuba als zwarte waardig leven. Mijn zoontje ook. Wat wil je nog meer.' Hij leek intens gelukkig.

De meeste jongeren -tweederde van de 11,5 miljoen Cubanen is na het verdrijven van dictator Batista in 1959 geboren- zijn zeker niet gelukkig. Sinds de val van de Muur heeft Cuba hun weinig te bieden. Wie een kind vraagt wat hij of zij wil worden, krijgt vaak als antwoord 'buitenlander'. Zelfs de ukkepukken weten dat toeristen alles hebben wat Cubanen niet hebben: bussen met airco, overvloedig eten in de dollarhotels, vrije toegang tot de mooiste stranden en moderne kleding.

Het gebrek aan toekomstperspectief voor de jeugd heeft geleid tot ontelbare gebroken families. Tijdens de bootvluchtelingencrisis in 1994 zijn ongeveer vijftigduizend vaders, ooms en zelfs kinderen op een gammel vlot naar Florida gevlucht. Slechts dertigduizend overleefden de golven, haaien en uitdroging. Het ultieme doel van veel jonge vrouwen is een buitenlander aan de haak slaan die hen een huwelijk aanbiedt in Europa of Canada.

De titel van Pieter Griffioens fotoboek is goed gekozen. Cubanen zijn zeker 'gebogen' en na zeven bezoeken om reportages voor de Volkskrant te schrijven weet ik waarom ze nog steeds niet 'gebroken' zijn. Cubanen zijn meesters in het ritselen. Vraag een Cubaan hoe het met hem gaat en het antwoord luidt steevast inventando. Elke dag vinden ze nieuwe manieren uit om te overleven. Op de zwarte markt -en la calle, op straat- is bijna alles te koop voor dollars. En om aan fula, zoals de dollar in het Cubaanse jargon heet, en aan voedsel te komen, putten de Cubanen uit een oneindig reservoir creativiteit. Ze organiseren illegale hanengevechten en houden kippen en speenvarkens in de badkamer. De stembanden van de dieren worden doorgesneden, opdat het alom tegenwoordige lid van het Comité voor de Verdediging van de Revolutie niets hoort van de illegale praktijken.

Cubanen houden zich ook nog enigszins staande door weg te vluchten in zelfgestookte rum en relajo, de cynische humor waarmee ze hun eigen situatie bespotten. 'Heb je de nieuwe bordjes in de dierentuin gezien? Eerst hing er `Verboden de dieren te voederen'. Toen verschenen er bordjes `Verboden het voer van de dieren op te eten'. Nu hangt er overal 'Verboden de dieren op te eten'. In Cuba ligt de humor op straat en de Cubanen lachen er op aandoenlijke wijze hun ellende mee weg.

Tot begin 1999 wemelde het in de grote steden van hoeren, illegale taxichauffeurs en verkopers van gestolen cd's, sigaren, rum. Om de tien meter bood een meisje of jonge vrouw haar lichaam aan. In 1991 nog voor tandpasta, zeep of shampoo. Vanaf 1994, na de legalisering van de dollar, vroegen ze cash. Natuurlijk geen waardeloze peso's, maar dollars. De nood was in 1994 kennelijk zo hoog dat een vader mij zijn twaalfjarige dochter aanbood.

Ik heb de man staan uitkafferen en het meisje zonder wederdienst een ijsje en tien dollar gegeven.

Toen ik afgelopen maart in Cuba was, wist ik niet wat ik zag. Op elk kruispunt in de Oude Stad van Havana stond een politieagent. Zelfs in de suffige stad Morón, 700 kilometer oostelijker, was geen jinetera te bekennen. Met duizenden nieuwe agenten en strengere wetgeving gaat Fidel Castro de toegenomen criminaliteit te lijf. Cuba was zich als seks-bestemming aan het ontwikkelen en dat zinde el comandante en jefe niet. Duizenden hoertjes zitten in heropvoedingskampen. Wie nu in Havana rondloopt, wordt door niemand lastiggevallen. Illegale taxichauffeurs zitten met dichtgeknepen billen achter het stuur, als ze een buitenlander vervoeren. Wie betrapt wordt, is zijn auto kwijt en krijgt een voor Cubaanse begrippen astronomische boete. Nergens op straat zijn meer illegale cd's, rum of sigaren te koop. De ritselaar die wordt betrapt, gaat voor jaren de cel in.

Ik vraag me af hoe lang Castro de politiestaat kan handhaven, want veel gezinnen hebben door de nieuwe maatregelen geen toegang meer tot het dollarcircuit. Wie geen fula heeft, lijdt honger, kan geen antibiotica of zoiets simpels als bakolie of maandverband meer kopen. Als Castro de teugels niet viert, nadert het moment dat de Cubanen zullen 'breken'. Vooralsnog bewijzen de prachtige foto's van Pieter Griffioen dat de Cubanen wel 'gebogen', maar nog niet 'gebroken' zijn.

Er heerst onvrede in Cuba over de tekorten, het lange wachten op de bus en de apartheid van het toerisme. Toen Moskou in 1990 de navelstreng doorsneed, zag Fidel Castro in dat hij zijn revolutie alleen maar zou kunnen redden door het binnenlokken van buitenlandse investeerders en het ontwikkelen van het toerisme. Door toeristen zo veel mogelijk van de Cubanen vandaan te houden probeert hij te voorkomen dat hij het Paard van Troje binnenhaalt. Maar steeds meer Cubanen ergeren zich er groen en geel aan dat buitenlanders zich in weelde baden, terwijl ze zelf geen toegang hebben tot de dollarhotels, de bussen met airco en de mooiste stranden.

In opstand durven de Cubanen niet te komen. Politieke vrijheden hebben ze niet. Cuba is een éénpartijdictatuur met een fijnmazig Stasi-achtig controleapparaat. Niemand vertrouwt een andere Cubaan. Zelfs kinderen worden uitgehoord over hun ouders. Veel Cubanen lopen daarom met een masker op. Ze gedragen zich als comemierdas, stronteters die net doen of ze blij zijn met het marxisme-leninisme en de staatspropaganda voor zoete koek slikken. Maar zodra ze weten dat ze niet worden afgeluisterd, gaat de beerput met klachten open. Ik heb een keer een avond lang het gejammer van Lydia en haar zonen Pepe en Raúl aangehoord. 'Vaderland of de Dood' zegt De Baard altijd. Vaderland én de Dood moet Castro eigenlijk zeggen, lachte Lydia. De volgende dag zag ik Lydia op een pleintje in Havana met een partijspeldje op haar jasje luid applaudisseren en meezingen op een bijeenkomst van haar Comité voor de Verdediging van de Revolutie om een modelarbeider in het zonnetje te zetten. 'Dat is het schizofrene hier. Iedereen is als de dood zijn ware gezicht te laten zien. We lopen hier allemaal met maskers op. Als ik niet naar de bijeenkomst was gegaan, zou het Comité ervoor hebben gezorgd dat ik mijn baan was kwijtgeraakt. Iedereen klaagt, maar toont zich op straat, voor de buitenwereld een trouwe revolutionair.'

Ondanks al het gekanker is Fidel Castro (1927) nog redelijk populair. Hoe is het mogelijk dat hij nog steeds aan de macht is?

Castro is zo slim geweest geen persoonsverheerlijkingscultus in te voeren. Overal op Cuba hangen affiches van Che Guevara en staan beelden van José Marti. Fidel Castro is bijna nergens te bekennen. Zijn toespraken in het openbaar worden steeds korter. 'Fidel Castro wil echt niet aan zijn eind komen als Ceaucescu', weet Eloy Gutiérrez Menoyo, voormalig medestrijder van De Baard. Comandante Eloy keerde zich in 1964 van Castro af en richtte de

verzetsbeweging Alpha-66 op. Na zijn arrestatie zat hij tot 1986 in de bak. Hij kwam pas vrij op aandringen van de Spaanse premier González en leidt nu vanuit Miami zijn gematigde ballingenorganisatie Cambio Cubano.
Fidel Castro heeft het grote voordeel dat Cuba in tegenstelling tot de voormalige Oostbloklanden een eiland is waar het altijd lekker weer is.

Cubanen realiseren zich dat Castro zijn leven heeft gewaagd om de dictatuur te verdrijven. In het voormalige Oostblok werd het communisme, soms met geweld door Moskou opgelegd. Castro houdt het ook zo lang uit omdat hij iets heeft wat alle communistische leiders in het Oostblok ontbeerden: charisma.

Bovendien kan Fidel de tekorten en het gebrek aan politieke vrijheden toeschrijven aan het Amerikaanse embargo. Castro is ervan overtuigd dat als hij meer politieke partijen, vrije verkiezingen en vrije vakbonden toestaat, de 'wormen' in Miami, de maffia en de CIA Cuba binnen de kortste keren weer overnemen.

Zelfs dissidenten die jaren in de gevangenis hebben gezeten en 24 uur per dag in de gaten worden gehouden, vrezen wat een toekomst zonder Castro zal brengen. Veel Cubanen bewonderen Fidel als een soort Vader des Vaderlands en prijzen zijn intellect, uithoudingsvermogen, durf en politieke instincten. Tiene cojónes, hij heeft ballen, vinden veel Cubanen. 'Hij heeft het beste met ons voor. De tekorten zijn niet zijn schuld, maar worden veroorzaakt door de ambtenaren die niet doen wat hij wil en natuurlijk door het Amerikaanse embargo.' De charismatische Castro heeft zijn pr zo goed geregeld dat de meeste klagers hun hart vasthouden voor de dag dat Fidel er niet meer is en ruim een miljoen Cubaanse 'wormen' in Miami thuis hun rekeningen komen vereffenen.

Fidel Castro heeft de mentaliteit van een winnaar. In feite is hij nog steeds de anti-Amerikaanse guerrillastrijder die op 26 juli 1953 een kazerne van dictator Batista aanviel en uiteindelijk op 8 januari 1959 triomfantelijk Havana binnentrok. Twee anekdotes spreken boekdelen. Toen hij na zijn landing met de nauwelijks zeewaardige Granma in december 1956 in een suikerrietveld in het oosten van Cuba met een handjevol overgebleven guerrillastrijders zwaar werd bestookt door de luchtmacht van Batista en zijn laatste uur leek te zijn geslagen, riep hij zijn verbouwereerde medestrijders toe: 'Wanhoop niet, de overwinning is aan ons.' En toen hij als kersverse comandante en jefe een tafeltenniswedstrijdje tegen een redacteur van de partijkrant Granma bij de stand 21-8 dreigde te verliezen, zei hij gewoon: 'We hadden toch afgesproken dat we tot de 31 zouden doorgaan?'.

Met die mentaliteit heeft hij negen Amerikaanse presidenten (van Eisenhower tot en met Clinton) en het verraad van suikeroom Moskou overleefd. Veel Cubanen hebben Fidels instelling overgenomen. Ondanks alle ontberingen zijn ze nog niet gebroken. De foto's van Pieter Griffioen bewijzen dat.

‘Somos felices aqui.’ Some twenty kilometres east of Havana, just outside the Ciudad de los Pioneres JosÚ Marti where since 1990 more than fifteen thousand Ukrainian, Russian and White Russian Chernobyl children have been treated for cancer, you can still make out the message on the side of an uninhabited building that the Cubans are happy. Sun and rain have rendered the letters as good as illegible. Forty years after Fidel Castro's take-over there is no more paint to touch up the faded state propaganda.

Until 1990 most Cubans were probably fairly happy with their island existence, thanks to the annual five or six hundred million dollar subsidy received from the East bloc. Even with the American embargo they did not go hungry. There were enough jobs to go round for those who wanted to work. There were still enough buses running and there was nearly always electricity. Medical care was of a high standard and new apartments was being built everywhere. At the schools and universities there was as yet no shortage of exercise books, pens, text books and other teaching resources.

Since the implosion of Communism in Eastern Europe and the end of the Cold War, Cuba, still beleaguered by the USA, has had to cope on its own, placing the achievements of the revolution under considerable pressure The average Cuban is still better off than a Haitian, Bolivian or Nicaraguan, but Ernesto ‘Che’ Guevara's New Man is suffering.

To save his revolution, Castro launched the periodo especial, an economic emergency programme introducing capitalist reforms in the margins of the commando economy. The quality of the free national health service is no longer guaranteed. While there are still enough general practitioners, the chemist shops are empty and the hospitals struggle with a shortage of bed linen and operating equipment. Public transport has become a daily nightmare, despite the availability of cast-off buses from the Netherlands, Canada, Portugal and Spain. A good education no longer implies that every Cuban will find a job they can live off.

Neurosurgeons, ex-colonels and teachers are forced to illegally taxi foreigners around in their own or borrowed Ladas to earn a few dollars. They are unable to survive on their peso salary and their ration book is good for a meagre meal only two weeks a month. The weekly tips a waiter or chamber maid receives in a dollar hotel or the twenty dollars that the jinteras charge for a quick ‘ride’ with a foreigner are worth more than the peso monthly salary of a bureaucrat, doctor or officer in the Revolutionary Forces. Without dollars you cannot buy antibiotics, shampoo, sanitary towels, soap or any other ‘luxury articles’. The windows of the state shops are bare while the dollar shops stock every conceivable commodity, from gold Rolexes and Che Guevara Swatches to tins of dog food and packets of Dutch chocolate vermicelli.

Somos felices aqui. After eight visits to Cuba since December 1991 I know better. My Cuban friends consistently dismiss the state propaganda, party newspapers and Fidel Castro's often six-hour speeches as mentiras, lies.

To what extent they are discontented is hard to say. The truth doubtless lies half-way between the slogan: ‘We're happy here’ and the comment: ‘Cuba has 11.5 million frustrated, discontented inhabitants,’ made by Elizardo Sanchez, one of Havana's leading dissidents. Mario Vargas Llosa is even more scathing. In the 1960s he had great admiration for Castro's revolution. By 1994, when I interviewed him in London, he had become greatly disillusioned: ‘No people is more tragic than the Cubans. Worse than the poverty is the fact that they have absolutely no future. With his repression Castro has turned the Cubans into a pessimistic people. The Cubans don't have the energy to rise up against dictatorship because they have more important things on their mind: surviving or trying to get out of the country.’

Foreword

Art van Iperen

foreign correspondent for de Volkskrant

No doubt happy Cubans do exist, but I have only m eat, schooling is free, and so are the hospitals. Life is hard, but the poverty is evenly distributed. Young people compare Cuba to the United States. That's not fair. They should take a look at Haiti some time. They would soon see they aren't so badly off here. I can lead a decent life as a black man in Cuba. So can my son. What more do you want.' He seemed intensely happy.

Most young people - two-thirds of the 11.5 million Cubans was born after dictator Batista was deposed in 1959- are clearly not happy. Since the fall of the Wall, Cuba has had little to offer them. If you ask a child what he or she would like to be, the answer is often 'a foreigner'. Even the youngest children know that tourists have everything the Cubans do not have: air-conditioned buses, copious meals in the dollar hotels, free access to the best beaches and modern clothes.

The lack of prospects for Cuban's young people has led to countless broken homes. During the boat refugee crisis in 1994 some fifty thousand fathers, uncles and even children fled to Florida on precarious rafts. A mere thirty thousand survived the waves, sharks and dehydration. And for many young women the ultimate goal is to hook a Canadian or European husband.

The title of Pieter Griffioen's book Cuba - Bent not Broken is aptly chosen. Cubans are definitely 'bent' and after going back seven times to write articles for the Dutch daily de Volkskrant I now know why they are still not 'broken'. Cubans are master fixers. If you ask a Cuban how they are, they invariably answer inventando. Every day they find new ways of surviving. On the black market - en la calle, in the street - virtually everything can be bought for dollars. And to lay their hands on fula (as dollars are called in Cuban slang) and food, the Cubans tap into a deep fount of creativity. They organise illegal cockfights and keep chickens and suckling pigs in the bathroom. The animals' vocal chords are cut tro ensure their owners' illicit practices do not come to the attention of the ubiquitous member of the Committee for the Protection of the Revolution.

A regular dose of escapism in the form of home-distilled rum and relajo, a cynical form of self-mockery, also helps the Cubans to bear up. 'Have you seen the new notices at the zoo? They used to say: 'Do not feed the animals'. Then they were replaced by signs saying: 'Do not eat the animal feed'. Now they've put up new ones everywhere: 'Do not eat the animals'.' In Cuba the streets are paved with humour and it is touching the way Cubans laugh away their cares.

Until early 1999 the cities were bristling with prostitutes, illegal taxi drivers and vendors of stolen CDs, cigars and rum. Every ten metres a girl or young woman would be propositioning passers-by. In 1991 in exchange for toothpaste, soap or even shampoo. From 1994, following legalisation of the dollar, they wanted cash, and then dollars, not worthless pesos. So desperate had they become that in 1994 a father offered me his twelve-year-old daughter. I gave the man a piece of my mind and, without using her services, the girl an ice cream and ten dollars.

When I was in Cuba last March I could not believe my eyes. Policemen were posted at every junction in the old city in Havana. Even in the sleepy town of Morfln, 700 kilometres farther east, there was not a single jintera to be seen. Fidel Castro has deployed thousands of extra policemen and tightened legislation in an effort to tackle the rising crime rate. Cuba was turning into a sex haven and el comandante en jefe took a dim view of that.

Thousands of prostitutes are now in rehabilitation camps. Today if you walk around Havana no-one will harass you. Illegal taxi drivers transport their foreign passengers with beads of sweat on their brow. If they are caught, the car is confiscated and they face an astronomical fine by Cuban standards. Illegal CDs, rum and cigars are nowhere to be found in the streets. The fixer who is caught awaits a long prison sentence.

I wonder how long Castro can maintain the police state, for the new measures mean that many families no longer have access to the dollar circuit. Without fula you cannot buy antibiotics or basic necessities such as cooking oil or sanitary towels. If Castro does not slacken the reins one day the Cubans will 'break'. For the time being, Pieter Griffioen's superb images reveal the Cubans 'bent' though 'unbroken'.

People are disgruntled about the shortages, the long hours spent waiting for buses and the apartheid of tourism. When Moscow cut the umbilical cord in 1990, Castro realised he could only save the revolution by attracting foreign investors and developing the tourist industry. By segregating the tourists from the Cubans he hoped he could keep the Trojan Horse at bay. But the Cubans are increasingly irked at the sight of tourists wallowing in luxury while they have no access to the dollar hotels, air-conditioned buses and the finest beaches.

The Cubans dare not voice their grievances. They enjoy no political freedom. Cuba is a one-party dictatorship with a finely meshed Stasi-like control system. One Cuban never trusts another. Even children are interrogated about their parents. As a result, many Cubans lead a double life. They behave like comemierdas - literally dung-eaters - pretending to be pleased with Marxist Leninism and swallow state propaganda whole. But as soon as others are out of earshot, off comes the lid of the cesspool. I once sat through a whole evening of Lydia and her sons Pepe and Ra·l complaining. 'It's either 'Fatherland or Death,' according to The Beard. 'Fatherland and Death' is what Castro really means,' Lydia laughed. The next day I saw Lydia in a square in Havana, her party badge on her coat, singing along and applauding loudly at a meeting of her Committee for the Protection of the Revolution in honour of a model worker. 'That's what so schizophrenic here. Everyone's petrified of being themselves. Everyone here wears a mask. If I hadn't attended the meeting the Committee would have seen to it that I lost my job. Everyone complains, but in public and to the outside world they present themselves as loyal revolutionaries.'

Despite all the complaining, Fidel Castro (1927) is still reasonably popular. How has he managed to stay in power?

Castro shrewdly made it his policy to avoid a personality cult. All over Cuba you find posters of Che Guevara and statues of José Martin. Images of Fidel Castro are rare. His public speeches are growing shorter. 'Fidel Castro really doesn't want to end up like Ceaucescu,' insists Eloy Gutiérrez Menoyo, once a partisan. Comandante Eloy turned his back on Castro in 1964 and founded the Alpha-66 resistance. After his arrest, he was incarcerated until 1986. He was not released until the Spanish premier Gonzsslez intervened and he now leads his moderate ex-pat organisation Cambio Cubano from Miami.

Fidel Castro has the great advantage that Cuba, in contrast with the East bloc countries, is an island where the weather is always good.

Cubans recognise that Castro risked his life to overthrow the dictatorship. In the former East bloc countries Communism was imposed by Moscow, sometimes by force. Castro has remained in power for so long because he has something all other Communist leaders in the East bloc have lacked: charisma.

Moreover, Castro can blame the shortages and lack of political freedom on the American embargo. Fidel Castro is adamant that if he were to allow more political parties, free elections and free unions, the 'worms' in Miami, the Mafia and the CIA would take over Cuba in next to no time.

Even dissidents who have languished in prison for years and are kept under close 24-hour surveillance dread to think what the future without Castro may bring. Many Cubans admire Castro as some form of 'Father' of the Fatherland and prize his intellect, staying power, daring and political instincts. 'Tiene cojflnes,' he's got balls, many Cubans feel. 'He's got our best interests at heart. The shortages are not his fault, it's the bureaucrats who refuse to carry out his instructions who are to blame - and the American embargo, of course. The charismatic Castro has done his pr homework so well that most of his critics dread the day Fidel Castro will no longer be there and over a million Cuban worms swarm back from Miami to square their accounts.

Fidel Castro has a winner's mentality. In effect, he remains the same anti-American guerilla fighter who attacked dictator Batista's army barracks on 25 June 1953 and who triumphantly marched into Havana on 8 January 1959. Two anecdotes speak volumes. When, in December 1956, he landed with a barely seaworthy Granma in a field of sugar beet in the east of Cuba with the handful of guerillas who had survived he was met with heavy fire by Batista's air force and it looked as if his final hour had come, he shouted to his bewildered partisans: 'Don't despair, victory's ours.' And when as the newly appointed comandante en jefe he came near to losing a table tennis match against one of the editors of the party paper Granma with the score at 21-8 he said cooly: 'Didn't we agree to play to 31?'

With this outlook he has outlived nine American presidents (from Eisenhouwer to Clinton) and the betrayal of sugar daddy Moscow. Many Cubans have adopted Castro's attitude. Despite all the hardships, they are still unbroken. Pieter Griffioen's pictures testify to that.

Introducción

Art van Iperen

redactor de Asuntos Internacionales del diario de Volkskrant

'Somos felices aquí'. Unos veinte kilómetros al este de La Habana, antes de llegar a la Ciudad de los Pioneros José Martí, donde, desde 1990, han sido tratados más de quince mil niños de Chernóbil de la Ucrania, Rusia y Bielo Rusia contra el cáncer, apenas ya se puede distinguir el texto en la fachada de un edificio deshabitado, diciendo que los Cubanos son felices. El sol y la lluvia han borrado casi por completo las letras. 40 años después de la toma del poder por Fidel Castro, ya no hay pintura para restaurar la propaganda del Estado.

Es probable que hasta 1990, la mayoría de los cubanos estaba bastante feliz en su isla, gracias a los cinco o seis mil millones de dólares de subvención que se recibía de la Europa del Este y de la Unión Soviética. A pesar del embargo norteamericano no había hambre. Quien quería trabajar tenía un empleo. Había autobuses en abundancia y casi siempre electricidad. La atención médica era óptima y se construían muchos apartamentos nuevos. En los colegios y las universidades todavía no escaseaban los cuadernos, los lápices, los libros ni demás material de estudio.

Desde la implosión del comunismo en la Europa del Este y el fin de la Guerra Fría, Cuba, asediada por los Estados Unidos, tiene que arreglárselas por sí misma, y los beneficios de la revolución están en peligro. Todavía el cubano medio vive mejor que un ciudadano de Haití, Bolivia o Nicaragua, pero el Hombre Nuevo de Ernesto 'Che' Guevara, sufre.

Castro introdujo el período especial, un programa económico de emergencia, para salvar su revolución con reformas capitalistas al margen de la economía dirigida. Ya no se puede garantizar la atención médica que era buena y gratuita. Todavía hay bastantes médicos, pero las farmacias están vacías y los hospitales no tienen suficientes sábanas ni material quirúrgico. El transporte público se convirtió en una pesadilla diaria, a pesar de los viejos autobuses de Holanda, Canadá, Portugal y España. Una buena educación ya no implica que cada cubano encuentre trabajo para vivir.

Neurocirujanos, ex-coroneles y profesores utilizan su propio Lada o uno prestado para trabajar clandestinamente como taxistas, para ganar unos dólares transportando a extranjeros. Los salarios en pesos no alcanzan para vivir, y la libreta de abastecimiento sólo es suficiente para una cena muy pobre durante menos de dos semanas del mes. Las propinas que recibe una camarera o un camarero en un hotel en dólares, o los veinte dólares que cobran las jineteras para un rápido servicio sexual con un extranjero, suponen más dinero que el salario mensual en pesos de un burócrata, médico o oficial de las Fuerzas Armadas Revolucionarias. Quien no dispone de dólares, no puede comprar antibióticos, champú, compresas higiénicas, jabón o cualquier otro 'artículo de lujo'. Los escaparates de las tiendas del Estado están vacíos. Pero en las tiendas dolarizadas se puede comprar de todo, hasta rolexes de oro, relojes Swatch con la imagen del Che, comida de perros y bombones de Holanda.

Somos felices aquí. Tras ocho visitas a Cuba desde diciembre de 1991, yo sé que no es así. Mis amigos cubanos califican de mentiras esta propaganda del Estado, así como los periódicos del partido y los interminables discursos de Fidel Castro, que suelen durar seis horas.

Es difícil saber con seguridad cuán grande es el descontento. Probablemente la verdad se encuentre entre los dos extremos: 'Somos felices aquí', aunque 'en Cuba viven 11,5 millones de personas frustradas y descontentas' como me dijo un día Elizardo Sánchez, uno de los disidentes más conocidos en La Habana. Mario Vargas Llosa se expresa más negativamente. En la década de los sesenta Vargas Llosa tenía gran admiración por la revolución de Castro. En 1994, cuando lo entrevisté en Londres, dijo: 'Creo que en el mundo entero no existe situación más trágica que la que viven los cubanos. Hay pobreza, pero lo que es peor todavía es que los cubanos no tienen ninguna perspectiva. Con su represión Castro convirtió a los cubanos en un pueblo pesimista. Los cubanos no tienen ninguna energía para luchar contra la dictadura, porque están ocupados con sobrevivir o intentar salir del país.'

Sin duda alguna todavía habrá cubanos felices, pero sólo conocí a algunos. Incluso los burócratas se quejan mucho off the record. Pero nunca me olvidaré de ese cubano, que encontré un día sentado con su hijito en el Malecón, el bulevar de 10 kilómetros de largo, que protege a La Habana del mar: 'Mi padre tenía 15 años, cuando huyó de Haití a Cuba y se murió en La Habana en 1958 siendo analfabeto. Yo ascendí a jefe de taller y mi hermano está en el servicio diplomático. No está mal, verdad, para los hijos de un analfabeto haitiano ilegal. Todos tenemos comida, los colegios son gratuitos, los hospitales también. Lo tenemos difícil, pero por lo menos la pobreza está repartida. Los jóvenes comparan Cuba con los Estados Unidos, pero eso no es justo. Que vayan a Haití. Se darían cuenta que no están tan mal aquí. Como negro, yo tengo aquí una vida digna. Y mi hijo también. ¿Qué más quieres?' Su mirada reflejaba una intensa felicidad.

La mayoría de los jóvenes - dos terceras partes de los 11,5 millones de cubanos nació después de la expulsión del dictador Fulgencio Batista en 1959 - no son muy felices. Desde la caída del muro de Berlín, Cuba tiene muy poco para ofrecerles. Si preguntas a un niño qué quiere ser cuando sea mayor, te contesta a menudo: 'extranjero'. Hasta los más pequeños saben que los turistas tienen todo lo que no tienen los cubanos: autobuses con aire acondicionado, comida en abundancia en los hoteles en dólares, libre acceso a las playas más bonitas y ropa que está de moda.

La falta de perspectiva para la juventud ha causado la ruptura de muchas familias. Durante la crisis de los balseros en 1994, unos 50 mil padres, tíos, e incluso hijos han huido a la Florida en balsas miserables, hechas de cualquier modo. Solo 30 mil sobrevivieron a las olas, los tiburones y la deshidratación. El objetivo de muchas mujeres jóvenes es encontrar un extranjero que se case con ellas para ir a vivir en Europa o Canadá.

El título del libro de fotografías de Pieter Griffioen es muy atinado. Es cierto que 'los cubanos están doblegados', y después de siete visitas a la isla, para escribir reportajes para el diario de Volkskrant, yo se por qué 'no están quebrados'. Los cubanos son los maestros del 'chanchullo'. Pregúntale a un cubano cómo está y te contestará: inventando. Cada día descubren nuevas formas para sobrevivir. En el mercado negro, en la calle, casi todo se vende a cambio de dólares. Y para conseguir 'fula', dólaresen cubano, y comida, los cubanos disponen de una enorme creatividad. Organizan peleas de gallos ilegales o crían pollos y chanchos en el baño. Cortan las cuerdas vocales de los animales, para que el omnipresente miembro del Comité de Defensa de la Revolución no se entere de las prácticas ilegales.

Al mismo tiempo los cubanos procuran escapar de la realidad, bebiendo ron destilado en casa, y con el relajo: el humor cínico con el que se ríen de su propia situación: '¿Has visto los nuevos carteles en el zoológico? Antes decían: prohibido alimentar a los animales. Después decían: prohibido comer la comida de los animales. Ahora dicen: prohibido comerse a los animales.' El humor está en las calles y con la risa intentan olvidarse de su miseria.

Hasta principios de 1999, las grandes ciudades estaban llenas de prostitutas, taxistas ilegales y vendedores de discos compactos robados, puros, ron. Cada diez pasos, una niña o mujer joven te ofrecía su cuerpo. En 1991 lo hacían a cambio de pasta de dientes, jabón o champú. A partir de 1994, después de la legalización del dólar, a cambio de dinero al contado. Y no quieren pesos, porque no tienen ningún valor, sino dólares. En 1994 aparentemente la situación era tan mala que un padre me ofreció su hija de 12 años. Le contesté con algunos improperios. A la niña le di un helado y diez dólares, sin nada a cambio.

Cuando visité Cuba en marzo de este año, no podía creer lo que veían mis ojos: en cada esquina de la ciudad vieja, había un policía. Hasta en la aburrida ciudad de Morón, unos 700 kilómetros al este de La Habana. No había ni una jinetera. Con miles de nuevos agentes de policía y una legislación más rígida Fidel Castro combate la criminalidad. Cuba se estaba convirtiendo en un centro para el turismo sexual y eso le disgustaba al comandante en jefe. Miles de prostitutas se encuentran ahora en campamentos de reeducación. Quien camina hoy por La Habana no es molestado por nadie. Los taxistas ilegales conducen con mucho miedo, cuando transportan a un extranjero. Si te descubren, te quitan el coche y te dan una multa altísima. En las calles ya no se venden discos compactos ilegales, ron o puros. El vendedor ilegal que es descubierto, es penalizado con varios años de cárcel.

Me pregunto cuánto tiempo más podrá Castro mantener el estado policial, porque gracias a las nuevas medidas muchas familias ya no tienen acceso al circuito de dólares. Quien no tiene 'fula', tiene hambre, no puede comprar medicinas o productos tan simples como aceite o compresas higiénicas. Si Castro no suelta las riendas, llegará el momento en que los cubanos se quiebran. Por el momento, las maravillosas fotografías de Pieter Griffioen demuestran que los cubanos 'están doblegados, pero no quebrados'.

Hay descontento en Cuba por la falta de productos, las horas de espera en las paradas del autobús y los privilegios de los turistas. Cuando Moscú cortó en 1990 el cordón umbilical, Fidel Castro entendió que solo podía salvar su revolución si atraía a los inversionistas extranjeros y si desarrollaba el sector del turismo. Al separar a los turistas de los cubanos, intenta evitar que entre el caballo de Troya en Cuba. Pero cada vez más cubanos se muestran irritados porque los extranjeros viven rodeados de lujo, mientras ellos mismos no tienen acceso a los hoteles en dólares, los autobuses con aire acondicionado y las playas.

Los cubanos no se atreven a rebelarse. No tienen libertades políticas. Cuba es una dictadura unipartidista con un aparato de control muy sofisticado, al estilo de la Stasi, la policía secreta de la antigua RDA. En Cuba nadie se fía de su próximo. Hasta los niños son interrogados acerca del comportamiento de sus padres. Por ello muchos cubanos llevan una máscara. Se comportan como comemierdas, como si fuesen felices con el marxismo leninismo y aceptaran de buena gana la propaganda del Estado. Pero, tan pronto como descubren que no les escuchan, comienzan a quejarse. Una tarde escuché durante horas las lamentaciones de Lydia y sus hijos Pepe y Raúl: 'Patria o muerte, dice El Barbudo siempre. Debería decir Patria y Muerte', decía Lydia riéndose. Al día siguiente la vi en una plaza en La Habana, con una insignia del Partido, aplaudiendo y cantando con entusiasmo en una reunión de su Comité de Defensa de la Revolución, donde se alababa a un trabajador ejemplar. Es lo esquizofrénico de la situación en Cuba. Todo el mundo tiene miedo a mostrar su verdadera cara: 'Todos andamos con máscaras. Si no hubiese ido a la reunión, el comité habría hecho que perdiera mi trabajo. Todo el mundo se queja, pero en la calle, para los otros, hay que mostrarse como un fiel revolucionario'.

A pesar de las quejas Fidel Castro (1927) goza de una considerable popularidad, ¿Cómo es posible que todavía está en el poder?

Castro ha sido muy astutoal no permitir que se creara en torno a él, un culto a la personalidad. En todas partes de Cuba, hay carteles de Che Guevara y estatuas de José Martí. A Fidel Castro no se le ve casi en ninguna parte. Sus discursos son cada vez más breves. 'Fidel no quiere terminar como Ceaucescu', dice Eloy Gutiérrez Menoyo, excombatiente de El Barbudo. El comandante Eloy se distanció en 1964 de Fidel Castro y fundó el movimiento de resistencia Alpha-66. Fue detenido y estuvo encarcelado hasta 1986. Gracias a presiones del entonces presidente español, Felipe González, Eloy Gutiérrez salió en libertad y ahora dirige desde Miami, 'Cambio Cubano', una organización moderada de refugiados cubanos.

Fidel Castro se beneficia del hecho de que Cuba - a diferencia de los países ex-comunistas del Pacto de Varsovia - es una isla donde siempre hace buen tiempo.

Los cubanos son conscientes de que Castro ha puesto en peligro su propia vida para desterrar a la dictadura de Fulgencio Batista. En los países del antiguo Pacto de Varsovia, Moscú impuso el comunismo, a veces por la fuerza. Castro se mantiene tanto tiempo en el poder porque posee una característica que carecían los demás líderes comunistas: carisma.

Además de ello, Fidel puede atribuir la escasez y la falta de libertades políticas al embargo norteamericano. Al mismo tiempo, Castro está convencido de que con la instauración de un sistema político multipartidista, la convocatoria de elecciones libres y la legalización de sindicatos obreros; los 'gusanos' de Miami, la mafia y la CIA se apoderarán nuevamente de la isla. Incluso los disidentes que han estado encarcelados durante muchos años y son vigilados las 24 horas del día, temen por el futuro de Cuba una vez que Castro ya no esté en el poder. Numerosos cubanos admiran al Comandante a quien consideran como el Padre de la Patria y alaban su inteligencia, su tenacidad, su valor y su instinto político. Muchos cubanos opinan que Castro tiene cojones. 'El tiene la mejor de las intenciones para con nosotros. Las carencias que sufrimos no son culpa de él, sino que son originadas por funcionarios que no siguen sus instrucciones y naturalmente por el embargo norteamericano'. El carismático Castro ha cuidado sus relaciones públicas de tal forma que la mayoría de sus críticos empieza a temblar sólo con la idea de que cuando Castro desaparezca, la comunidad cubana en Miami, formada por más de un millón de personas, vuelva a casa con la pretensión de ajustar cuentas.

Fidel Castro tiene las características de un vencedor. De hecho, Castro continua siendo el guerrillero antinorteamericano que atacó el 26 de julio de 1953 un cuartel del dictador Batista, y el 8 de enero de 1959 hizo su entrada triunfal en La Habana. Hay dos anécdotas muy significativas. Después de llegar a Cuba con su barco, Granma, en diciembre de 1956, se encontró con los pocos guerrilleros que quedaron en una plantación de caña de azúcar en el este de la isla, bajo intensos ataques de la fuerza aérea de Batista. Parecía haber llegado su última hora, pero Castro gritó a sus combatientes: No desesperéis, la victoria es nuestra'. Más tarde, como Comandante en Jefe, cuando parecía perder por 21 a 8 una partida de tenis de mesa que jugaba con un redactor del periódico del partido, Granma, Castro afirmó con toda naturalidad: '¿No habíamos quedado en seguir hasta 31?'.

Con esa mentalidad Castro ha sobrevivido a nueve presidentes norteamericanos (desde Eisenhower hasta Clinton), y también a la traición del pariente rico: Moscú. Muchos cubanos han adoptado la postura de Fidel. A pesar de todas las carencias todavía no han sido quebrados. Y así lo demuestran las fotografías de Pieter Griffioen.

José Marti, dichter filosoof, vader van het onafhankelijke Cuba

José Marti, poet and philosopher, spiritual father of the independent Cuba

José Marti, poeta y filósofo, padre de la Cuba independiente

Dagboekfragment:

En weer slenter ik

over de Malecón.

Overdag het toneel van druk verk

en opspattend zeeschuim,

avonds het décor van

flanerende stellen

en duistere praktijken.

Wanneer ik er ook ben,

ik ben er nooit alleen.

VADERLAND OF DE DOOD, WIJ ZULLEN OVERWINNEN

FATHERLAND OR DEATH, WE SHALL OVERCOME

PATRIA O MUERTE, VENCEREMOS

'Where do you come from,

what nationality are you,

do you want a chica, very ch

do you want a good cigar?'.

De vragen worden staccato op me afgevuurd.

En de hamvraag blijft nooit lang uit:

HM 04 378

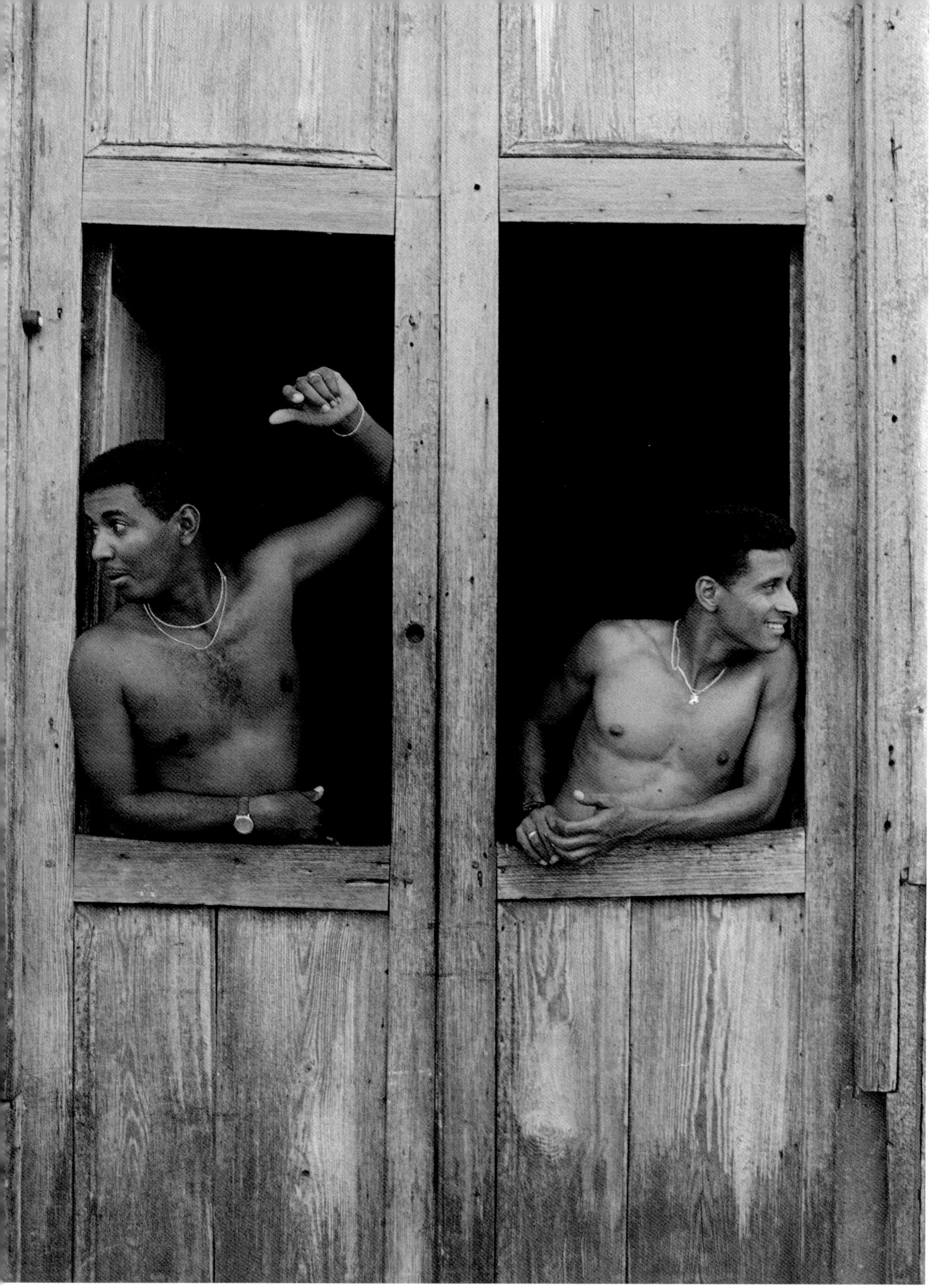

'What time is

In dit land waar de tijd stilstaat

is die vraag allang

een code geworden;

de mensen zoeken kontakt,

ACTIVE
Cuba
ZICO
ZICO

ze willen weten

hoe het elders

in de wereld gesteld

ze willen je een brief meege

voor een buitenlandse vriend,

want als ze die hier po

...t ie geopend

en lopen ze de kans op

gevangenisstraf

...ege kontakten

met buitenlanders.

BALLERINA UIT HET NATIONAAL BALLET VAN CUBA

BALLERINA OF THE BALLET NATIONALE DE CUBA

BAILARINA DE LA COMPAÑÍA NACIONAL DE BALLET DE CUBA

Als ik overal op in zou gaan

kan ik het fotograferen wel vergeten.

Nee schudden, zonder antwoord doorlopen,

de vrager op zijn eigen horloge wij

in het Russisch van een tot tien tellen

- het helpt allemaal niets. Nee, de enige manie

is heel gewoon mijn eigen horloge af te doen.

OA 6190

VUILNISBAKCOUTURE

DUSTBIN CRÉATEUR

ALTA COSTURA DEL BASURERO

SJOUWER VAN BALEN TABAKSBLADEREN

PORTER OF BALES OF TOBACCO LEAVES

CARGADOR DE HOJAS DE TABACO

VÍVA.LA
REVOLUCION

VECHTHANEN

FIGHTING COCKS

GALLOS DE PELEA

JULITA

SIGARETTENVERKOPER IN EEN LEGE VITRINEKAST

CIGARETTE VENDOR IN AN EMPTY SHOP WINDOW

VENDEDOR DE CIGARRILLOS EN UN ESCAPARATE VACÍO

EEN STEP MET WIELEN VAN OUDE KOGELLAGERS

A SCOOTER WITH OLD BALL-BEARINGS AS WHEELS

MONOPATÍN CON RUEDAS DE COJINETES USADOS

promotie van de Russische Ural motor

promotion of the Russian Ural motorcycle

promoción de una moto Ural de Rusia

MONUMENT VOOR DE REVOLUTIE

MONUMENT TO THE REVOLUTION

MONUMENTO A LA REVOLUCIÓN

MONUMENT VOOR DE REVOLUTIE

MONUMENT TO THE REVOLUTION

MONUMENTO A LA REVOLUCIÓN

33

59

Valle de La Prehistoria

Valle de La Prehistoria

A2
B2
B1
A3
A5
D2
C2

PARTICULAR
CUBA

VEEL DRADEN, VAAK GEEN ELECTRICITEIT

LOTS OF WIRES BUT OFTEN NO ELECTRICITY

MUCHOS CABLES, PERO A MENUDO FALTA LA CORRIENTE

Warm is het. Drukkend warm.

En een lawaai.

Metalen karretjes ratelen over de stenen vlo

hekken klappen open en dicht,

mensen roepen naar elkaar en lo

gehaast langs.

Het lijkt wel of heel Cuba op deze dag,

op dit uur

met de trein wil vertrekken

van het centraal station in Havana

waar ik tussen de krioelende mensenmas

met moeite een zitplaats heb gevonden.

Gerdan Fonseca Bernal, invalide sportman

Gerdan Fonseca Bernal, a disabled sportsman

Gerdan Fonseca Bernal, deportista inválido

komen twee meisjes naar me toe.

'Hoe laat is het?'.

De oudste van de twee die de vraag stelt

kijkt me hoopvol aan.

Ik heb de tijd nog niet gezegd

of ze zitten al naast me

vragen me de oren

van het hoofd.

Wat ik in Cuba doe,

hoe oud ik ben, of ik getrouwd ben.

Met haar jongere zusje gaat ze naar Logas,

vijftig kilometer vòòr Cienfuegos.

Ik vertel haar dat ik twee maanden

in Cuba zal blijven

om een fotoreportage te maken.

Ze denkt even na en vraagt:

mag ik

zolang als je in Cuba bent

jouw vriendin zijn?

Ze lacht.

ooit had Cuba een wereldkampioen schaken: José Raúl Capablanca van 1921-1927

once - from 1921 to 1927 - Cuba had a world champion chess player: José Raúl Capablanca

José Raúl Capablanca, campeón del mundo de ajedrez: de 1921 al 1927

VECHTHANEN

FIGHTING COCKS

GALLOS DE PELEA

LIJNEN, VAKKEN, VLAKKEN

LINES, SQUARES, PLANES

LINEAS, ESPACIOS , CUADROS

ZOMAAR CIRKELS

JUST CIRCLES

CÍRCULOS, SIN MÁS

INSTITUUT VOOR BLINDE EN SLECHTZIENDE KINDEREN

INSTITUTE FOR VISUALLY IMPAIRED CHILDREN

INSTITUTO PARA NIÑOS CIEGOS Y CON DEFICIENCIAS VISUALES

TEHUIS VOOR BEJAARDEN ZONDER FAMILIE

HOME FOR THE ELDERLY WITH NO FAMILY

CASA DE ANCIANOS SIN FAMILIARES

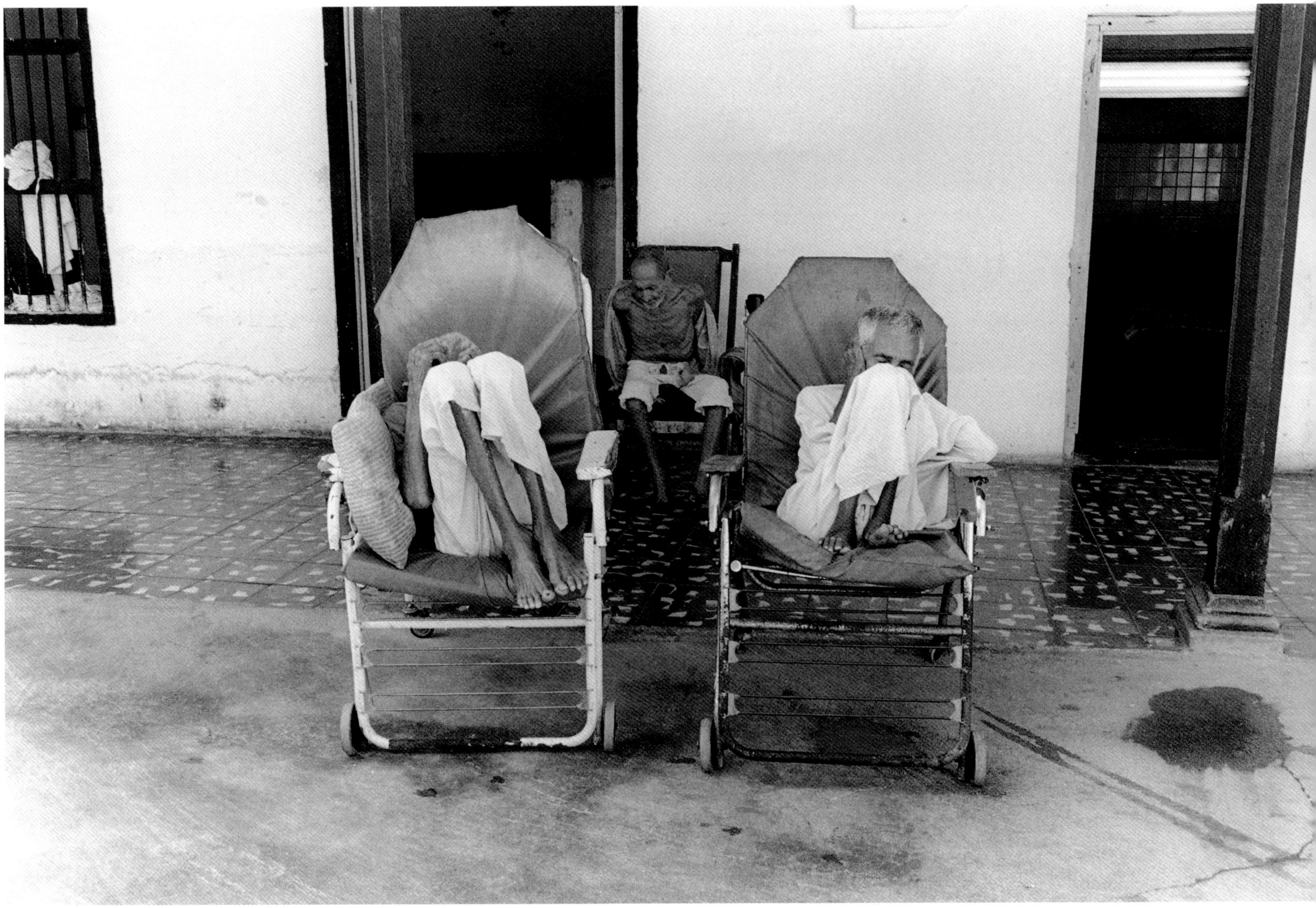

TEHUIS VOOR BEJAARDEN ZONDER FAMILIE

HOME FOR THE ELDERLY WITH NO FAMILY

CASA DE ANCIANOS SIN FAMILIARES

36
35
E
B-4530

urnen, een Cubaan is ook na zijn dood nog een nummer

urns, even after death a Cuban is just another number

urnas. el Cubano es un número, vivo o muerto

Legende

1995 Hava
1996 Santa Cla
1995 Hava
1996 Trinid
1998 Camagu
1998 Santa Cla
1996 Hava
1996 Santa Clar
1998 Camagu
1998 Camague
1998 Holgui
1998 Santiago de Cuba, El Cobr
1996 Havan
1995 Vinale
1998 Camague
1995 Havan
1998 Gibar
1998 Santiago de Cub
1998 Santiago de Cub
1998 Gibar
1995 Havan
1996 Havan
1998 Camague
1995 Havana-Cienfuego
1995 Havan
1996 Trinida
1995 Pinar del Ri
1995 Havan
1995 Havan
1995 Matanza
1995 Matanza
1998 Holgui
1998 Holgui

olguin 1998

antiago de Cuba 1998

antiago de Cuba

alle de la Prehistoria 1998

antiago de Cuba

alle de la Prehistoria 1998

avana 1996

inar del Rio 1995

olguin 1998

avana 1995

antiago de Cuba 1998

anta Clara 1996

antiago de Cuba 1998

ayamo 1998

avana 1996

avana 1995

avana 1995

amaguey 1998

ibara 1998

avana 1996

avana 1996

ayamo 1998

antiago de Cuba

ibara 1998

rinidad 1996

antiago de Cuba 1998

anta Clara 1995

amaguey 1998

avana 1996

antiago de Cuba 1998

enfuegos 1995

ibara 1998

ibara 1998

amaguey 1998

anta Clara 1996

Diary fragments

Once again I amble over the Malecón - during the day the backdrop for busy traffic and splashing breakers, at night for parading couples and shady dealings. Whatever time I am there, I am never alone.

'Where do you come from, what nationality are you, do you want a chica, very cheap, would you like a good cigar?' The questions are fired at me staccato. It is only a matter of time I am asked the inevitable: 'What time is it?' In this country where time stands still, the question has long become a code: people are hungry for contact, they want to know what is going on in the rest of the world, they want to give you a letter for a friend abroad, because if they posted it there it would only be opened and they risk going to prison for communicating with foreigners.

If I were to answer all their questions I would never get round to taking any pictures. Shaking my head, walking on without replying, pointing to the questioner's watch, counting to ten in Russian - nothing helps. There is only one solution and that is simply to take off my watch.

It is hot. Oppressive. And noisy. Metal trolleys rattle over the stone floor, gates clatter open and shut, people shout to each other and hurry past. It's as if the whole of Cuba were catching a train from Havana's main railway station. With difficulty I manage to find a place among the milling crowds where I can sit and wait.

Suddenly two girls come up to me. 'What time is it?' The elder of the two who addressed me looks at me hopefully.

Before I even have time to tell them, they have seated themselves beside me and are bombarding me with questions. What am I doing in Cuba, how old am I, am I married? She is travelling with her younger sister to Logas, fifty kilometres before Cienfuegos. I tell her I am staying in Cuba for the next two months to shoot a reportage. She stops and thinks for a while and then asks: 'Can I be your girlfriend while you're in Cuba?' She laughs.

Fragmentos de diario

'Y de nuevo paseo por el Malecón. De día ofrece un espectáculo con un tráfico intenso y las olas del mar que van dar a las rocas, de noche es el decorado para parejas que van de paseo y maniobras oscuras. En ningún momento que paseo por allí, estoy solo.

'De donde eres, que nacionalidad tienes, quieres una muchacha muy barata, quieres comprar un buen cigarro?' Todas esas preguntas son formuladas con desenfado. Y la pregunta clave no se hace esperar: ¿Qué hora es?' En este país donde el tiempo está parado, esta pregunta es parte de un código; la gente quiere saber cómo se vive en otros países. Quieren que te lleves una carta para un amigo que vive en el extranjero, porque cuando la echan al correo aqui, la abren y el remitente puede ser encarcelado: el contacto con extranjeros está prohibido.

Si contestara a todas las preguntas ya no tendría tiempo para hacer fotos. Muevo la cabeza y continuo mi camino sin reaccionar, o hago una señal para decirle que él mismo tiene reloj o simplemente, cuento de uno a diez en ruso - no me dejan en paz. No, la única manera de quitarmelos de encima es entregarlos mi propio reloj'.

'Hace calor. Un calor pegajoso. Y mucho ruido. Carritos de metal tabletean sobre el suelo de baldosas, rejas que se abren y se cierran, gente que se saluda y que anda con prisa. Parece que toda Cuba quiere salir en tren de la estación central, en este día y en este momento que yo he tenido la suerte de encontrar un sitio en este hormiguero.

De repente se acercan dos chicas: '¿Qué hora es?' La mayor de las dos hace la pregunta y me mira, esperanzada.

Apenas les he contestado y ya están sentadas a mi lado y no paran de hablar. Qué hago en Cuba, cuántos años tengo, si estoy casado. Ambas se van a Logas que está a cincuenta kilómetros de Cienfuegos. Les digo que estaré dos meses en Cuba para hacer un reportaje fotográfico. La chica reflexiona un momento antes de preguntarme: ¿Puedo ser tu compañera durante el tiempo que estás aqui? y sonrie '.

Pieter Griffioen werd in 1949 geboren in Alphen aan den Rijn. In 1975 behaalde hij zijn apothekersdiploma maa
zijn lidmaatschap van de werkgroep fotografie van de Stichting Sinus begon hij serieus met fotograferen. In 199
ceerde uitgeverij Focus zijn boek 'China in het voorbijgaan'. Tussen 1995 en 1998 maakte hij een aantal langere
zen door Cuba waarvan dit boek een neerslag is.

Pieter Griffioen was born in Alphen aan den Rijn, The Netherlands in 1949. Trained as a chemist (1975), he took u
tography seriously after joining the photography section of the Sinus Foundation. In 1993 Focus published hi
'China's present past'. Between 1995 and 1998 he undertook several long photographic journeys to Cuba culm
in the present publication.

Pieter Griffioen nació en 1949 en Alphen aan den Rijn. En 1975 se licenció en farmaceútica. Siendo miembro del
de fotógrafos de la Fundación Sinus, comenzó a dedicarse seriamente a la fotografía. En 1993 el editorial
publicó el libro de Griffioen 'China, el presente pasado'. Entre 1995 y 1998 viajó varias veces a Cuba. Este libr
resultado de estas visitas.